0

zero

zero

10

ten

zece

20

twenty

douăzeci

30

thirty

treizeci

40

forty

patruzeci

50

fifty

cincizeci

60

sixty

șaizeci

70

seventy

șaptezeci

80
eigthy

optzeci

90
ninety

nouăzeci

100
one hundred

o sută

1000
one thousand

o mie

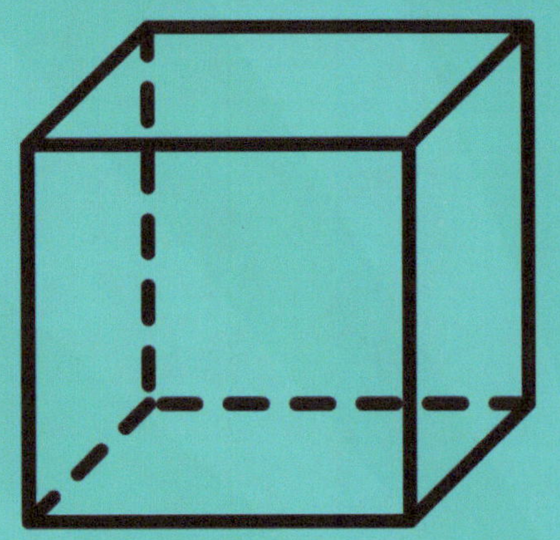

cube

cub

block

bloc

ice cube

cub de gheață

caramel

caramel

sugar

zahăr

dice

zaruri

gift box

cutie de cadou

cardboard box

cutie de carton

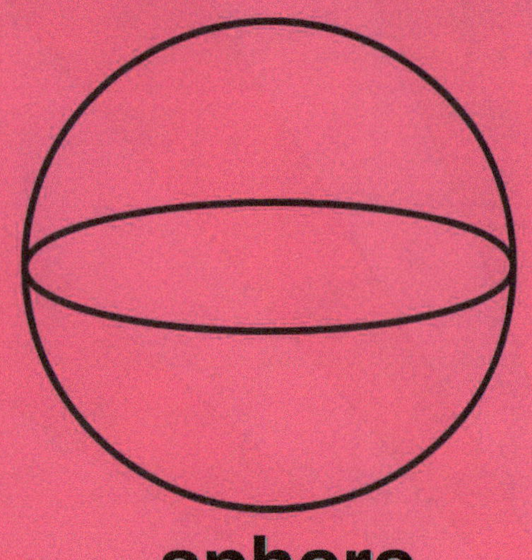

sphere

sferă

ice cream scoop

cupă de înghețată

pearl

perlă

bubble

bulă

marbles

biluțe de sticlă

planet

planetă

snowball

bulgăre de zăpadă

tennis ball

minge de tenis

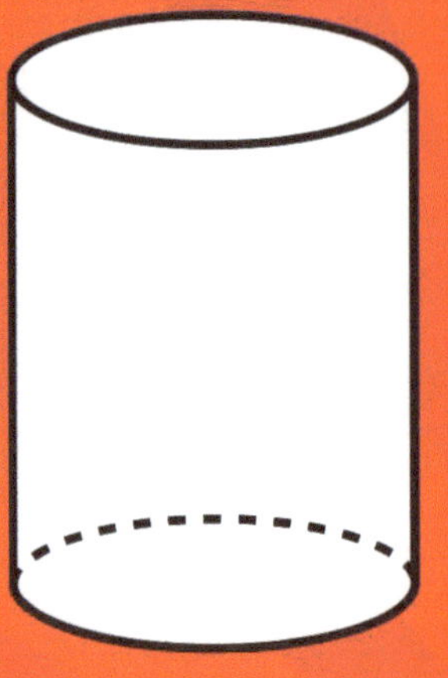

cylinder

cilindru

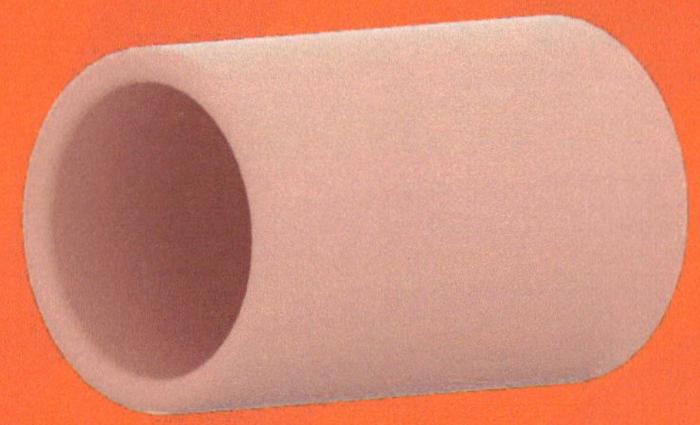

tube

tub

batteries

baterii

thread spool

bobină de fir

cinnamon

scorțișoară

rolling pin

făcăleț

sausage

cârnat

hay bale

balot de fân

cone

con

road cone

con rutier

ice cream cone

con de înghețată

witch hat

pălărie de vrăjitoare

dungeon

temniță

fir tree

brad

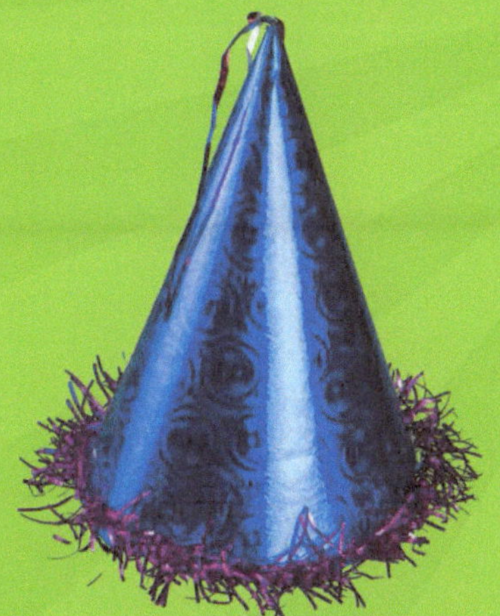

party hat

pălărie de petrecere

snail

melc

blackberry

mură

currant

coacăză

clementine

clementină

durian

durian

dragon fruit

fructul dragonului

jackfruit

jackfruit

star fruit

carambola

asparagus

sparanghel

radish

ridiche

red bean

fasole roșie

turnip

nap

cassava

manioc

sweet potato

ignamă

chickpeas

năut boabe

eagle

vultur

bat

liliac

beaver

castor

flamingo

flamingo

raven

corb

blackbird

mierlă

blue tit

mierlă albastră

magpie

coțofană

swallow bird

rândunică

lark

ciocârlie

parakeet

papagal mic

woodpecker

ciocănitoare

peacock

păun

parrot

papagal

toucan

tucan

stork

barză

coral

coral

sea anemone

anemonă de mare

sea urchin

arici de mare

seahorse

căluț de mare

clownfish

pește clovn

goldfish

peștișor de aur

crab

crab

hermit crab

crab pustnic

dolphin

delfin

narwhal

nharwhal

octopus

caracatiță

squid

calamar

whale shark

rechin-balenă

orca

orcă

blue whale

balenă albastră

beluga whale

balenă albă

hammerhead shark

rechin ciocan

white shark

rechin alb

lemon shark

rechin lămâie

tiger shark

rechin-tigru

grasshopper

lăcustă

caterpillar

omidă

scorpion

scorpion

lizard

șopârlă

dinosaurs

dinozauri

black hair

păr negru

ginger hair

păr roșcat

brown hair

păr castaniu

blond hair

păr blond

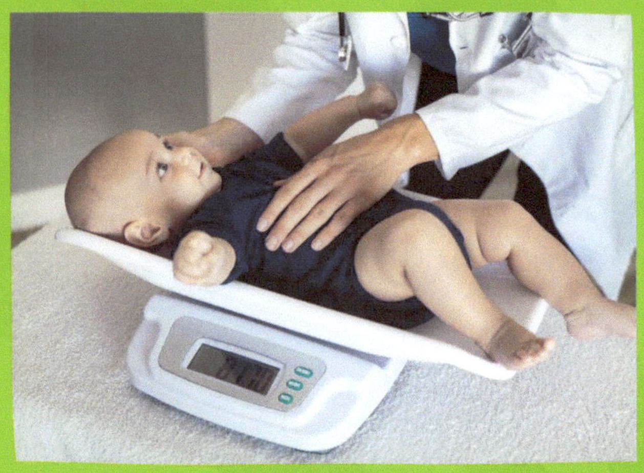

scale

cântar

hospital

spital

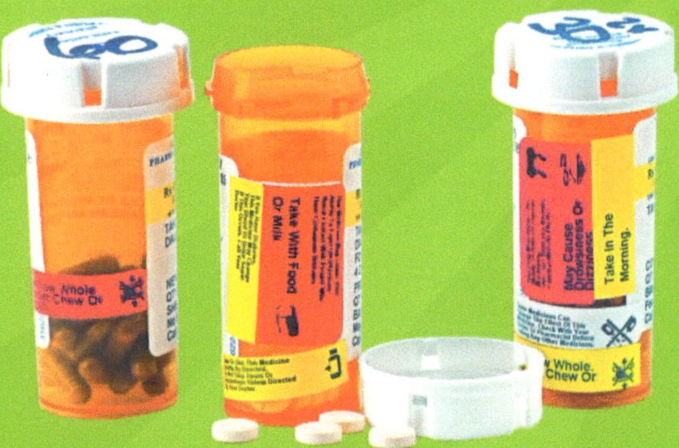

medicine

medicament

thermometer

termometru

bandage

pansament

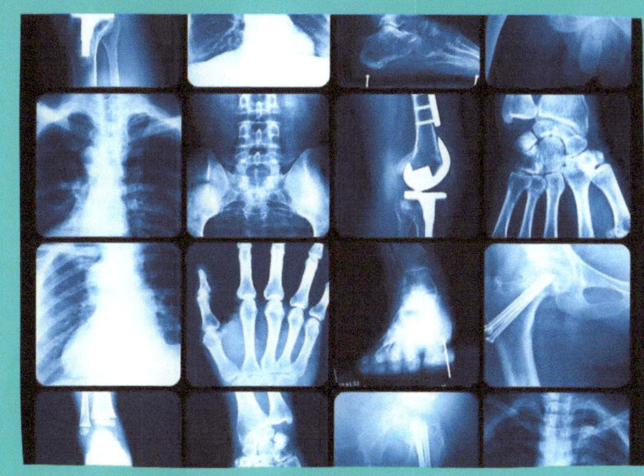

x-ray

radiografie

doctor

doctor

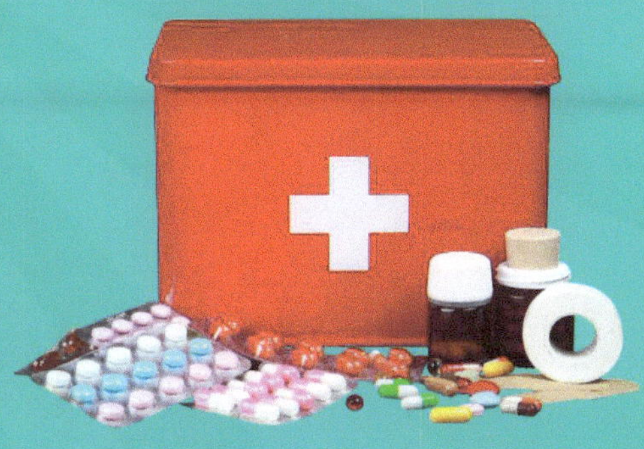

first aid kit

trusă de prim ajutor

play

a se juca

draw

a desena

count

a număra

write

a scrie

dancing

dans

swimming

înot

skiing

schi

basketball

baschet

tennis

tenis

ping pong

ping-pong

soccer

fotbal

horse riding

echitaţie

ice hockey

hochei pe gheață

judo

judo

boxing

box

running

alergare

baseball

baseball

cricket

cricket

rugby

rugby

volleyball

volei

maracas

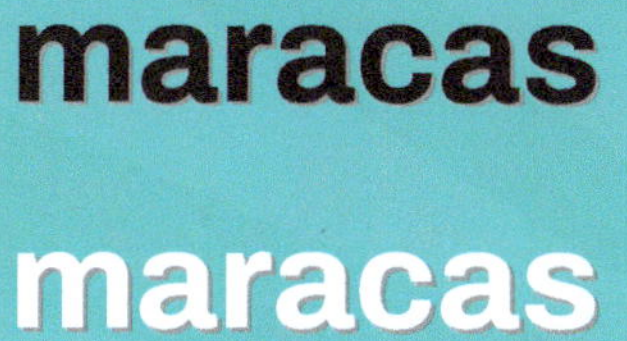

maracas

tambourine

tamburină

xylophone

xilofon

violin

vioară

piano

pian

guitar

chitară

cello

violoncel

harp

harpă

drum

tobă

djembe

djembe

drum kit

set de tobe

trumpet

trompetă

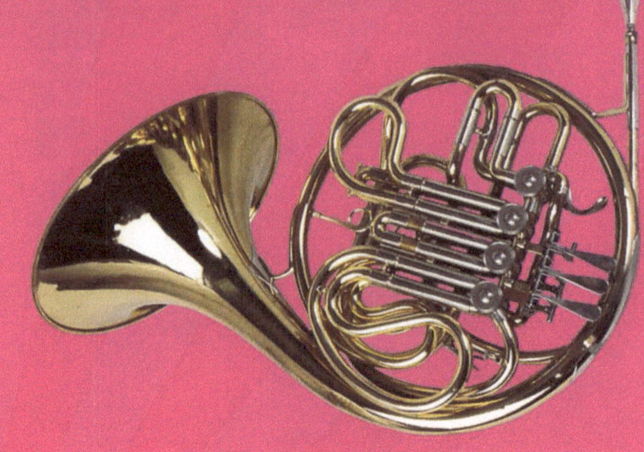

horn

corn

saxophone

saxofon

flute

flaut

headphone

căști

sing

a cânta

sheet music

partituri

microphone

microfon